LA FRANCE

JUSTIFIÉE DE COMPLICITÉ

DANS L'ASSASSINAT

DU DUC DE BERRY,

OU

RÉFLEXIONS

SUR

LE MANDEMENT DE M. LE CARDINAL-ARCHEVÊQUE DE PARIS,

Relatif au Service pour le repos de l'ame de ce Prince.

PARIS.

BAUDOUIN FRÈRES, IMPRIMEURS-LIBRAIRES,

RUE DE VAUGIRARD, N° 36.

1820.

RÉFLEXIONS

SUR

LE MANDEMENT DE M. LE CARDINAL-ARCHEVÊQUE DE PARIS,

Relatif au Service pour le repos de l'ame de Monseigneur
le Duc de Berry.

On a reproché aux Mandemens de M. l'Archevêque de Paris, de l'ignorance et des platitudes; on a loué en même temps un certain esprit de modération qui, en général, s'y faisait remarquer, et paraissait annoncer dans le Prélat des dispositions pacifiques. Le dernier Mandement exige que l'on change de langage. On n'y trouve pas des pauvretés comme dans les précédens; on a senti que le genre, l'importance de la pièce, qu'on se proposait de distribuer avec une extrême profusion à la cour et à la ville, et qui a même été envoyée aux autorités constituées, ne comportait pas les capucinades : mais la modération a disparu, et a fait place à un emportement dont on ne se forme pas d'idée.

M. l'Archevêque ose se porter accusateur de tout son diocèse; que dis-je? de la France entière. Et de quoi les accuse-t-il? de rien moins que d'une *complicité dans l'assassinat du Duc de Berry*.

On avait déjà, dans certains journaux et ailleurs, hasardé cette odieuse inculpation. Une voix s'était même permis d'y comprendre formellement le principal ministre du Roi, comblé de toutes ses faveurs, investi de toute sa confiance , et que son seul intérêt, en mettant à part tout autre sentiment, aurait dû plus que personne tenir à l'abri d'un pareil reproche. L'indignation publique a fait justice de ces clameurs furibondes. Comment se peut-il qu'elles soient répétées sous le nom d'un grand archevêque, à qui son état, son âge, son caractère, interdisaient de pareils écarts, et qui (si elles avaient eu la moindre apparence) aurait dû, défenseur-né de ses ouailles, les repousser de tout son zèle, bien loin d'entreprendre de leur donner quelque poids ? Voyons de quelle manière on essaie de justifier une assertion si peu mesurée.

Il a fallu s'y prendre de loin, et préparer les esprits par une espèce d'exorde, tant la chose en elle-même est hors de toute vraisemblance. « Vous » êtes consternés, N. T.-C. F. (fait – on dire au » Prélat après un exposé du crime); tout atteste » votre désespoir. Nous ne vous ferons point cet » outrage, de ne pas reconnaître combien vous » détestez un si noir attentat, et quel immense » intervalle vous sépare de la main sacrilége qui » l'a commis.... Qu'allez-vous donc penser, lorsque » moins occupés du crime qui vous révolte, que

» des causes qui l'ont produit, *nous n'en accuserons*
» *plus que vous ?* (p. 5). » Cela est clair, et assu-
rément les expressions ne pouvaient pas être moins
ménagées. Ce que l'on pensera d'une telle *accusa-*
tion, c'est qu'elle a été écrite dans un moment
d'entier oubli de la raison, de la justice et de
toute convenance. Voici cependant une concession,
qui paraîtrait promettre quelque adoucissement.

« Que si ce langage vous offense, sachez, Nos
» Très-Chers Frères, que nous ne séparons pas
» notre confusion de la vôtre. Hélas ! où sont
» les mains pures, et qui de nous n'a point sa
» part à l'avilissement de son peuple ?» Souvenons-
nous de cet aveu, sur lequel il faudra revenir.
« Souffrez donc, ajoute-t-il, non pas l'aigreur,
» à Dieu ne plaise, mais toute la véhémence de
» nos avertissemens paternels. » C'est ainsi qu'on
se prépare à répéter l'injure.

« C'est au Seigneur notre Dieu, qu'appartient
» la justice, s'écriait un prophète; à nous, la
» confusion la plus profonde : *Domino Deo nostro*
» *justitia, nobis autem confusio faciei nostræ*
» (Baruch, I, 15). Méditez bien ces deux paroles,
» N. T.-C. F., et considérez d'abord combien la
» honte *vous* est due. » Ici le pasteur se sépare du
troupeau.

« Oui, continue le prélat avec une assurance
» qui fait trembler, TOUTE LA HONTE DE L'ASSASSINAT
» *qui fait le tourment de vos pensées.*» Ici la main

paternelle enfonce le poignard aussi avant qu'il peut aller. « Et voici, poursuit-il, votre erreur. C'est
» que, dans cette horrible action, votre œil
» s'arrête à la main qui l'ose commettre; votre
» fureur s'exhale contre elle; vous la vouez à
» toutes les malédictions que vous suggère le dé-
» lire de la douleur : et vous vous estimez dès-
» lors à l'abri de tout reproche. Cependant, votre
» indignation, toute sainte qu'elle est, ne saurait
» vous absoudre devant Dieu (le dirons-nous, et
» pourrez-vous l'entendre ?) *d'une sorte de com-*
» *plicité*, qui, pour être *bien involontaire*, n'en est
» pas moins *réelle* à ses yeux. » Voilà l'accusation
de *complicité* dans le forfait de Louvel, bien prononcée; et le tempérament qu'on y met (*une sorte*
de complicité) n'efface point ce qu'elle a d'atroce.
Qu'est-ce qu'une complicité *tout-à-fait involontaire?*
Aux yeux de Dieu, comme aux yeux des hommes,
il n'y a point de crime sans intention. Mais voyons
où aboutirait cette étrange logique.

C'est le moment de rappeler la confession faite
ci-devant par M. l'Archevêque. On l'a entendu se
mettre lui-même à la tête des coupables. « Nous ne
» séparons pas, a-t-il dit, notre confusion d'avec
» la vôtre. Hélas ! où sont les mains pures, etc.? »
M. l'Archevêque est donc *complice* de Louvel.

Allons plus loin. Le prophète Baruch, dont
M. l'Archevêque a emprunté les paroles, ne met
pas seulement au nombre des prévaricateurs qui

ont attiré la colère de Dieu, les prêtres et les prophètes ; il y joint les rois et les princes. « La » justice est, dit-il, au Seigneur notre Dieu, et à » nous la confusion, comme nous l'éprouvons en » ce jour, aux hommes de Juda et aux habitans de « Jérusalem, à nos rois, à nos princes, à nos prêtres, » à nos prophètes, et à nos pères, parce que nous » avons péché devant le Seigneur. » (Baruch, I. 15, 16, 17.) Et Daniel, dans la belle prière par laquelle il obtient la révélation de la venue du Messie, dit la même chose. (Dan. IX, 5-9.) Il faut donc unir dans l'accusation le roi et les princes avec M. l'Archevêque ; et dès-lors la famille royale serait elle-même..... Je n'ose achever, tant l'imputation est stupéfiante sous tous les rapports.

Poussons encore plus avant. La malheureuse victime, le duc de Berry, qui, avant d'expirer, a confessé publiquement ses fautes d'une manière si énergique et si touchante, serait lui-même *complice* de sa propre mort ; sa mort serait un suicide !

Voilà où l'on arrive par cette argumentation qui, partant d'un point vrai en lui-même, mais seulement dans certaines bornes, outre aussitôt la pensée en poussant les conséquences à l'extrême ; ou qui confond les objets, en passant imperceptiblement de l'un à l'autre. On finit par ne rien dire, ou par déraisonner complètement ; on tombe dans l'absurde.

Distinguons les malheurs publics d'avec les crimes qui les accompagnent ou qui les ont attirés. Chacun, dans les malheurs publics, doit croire qu'il y a contribué pour sa part, au moyen de ses fautes personnelles, qui, entrant dans la masse des prévarications générales, ont concouru à provoquer la colère du ciel ; c'est ce que nous apprennent les prophètes. Mais chacun ne contribue à ces calamités communes que par ses fautes et non par celles d'autrui ; à moins, relativement à celles-ci, qu'il n'y ait proprement et véritablement influé. Certes, la mort du duc de Berry est un malheur public, et un très-grand malheur ; les suites mêmes qu'on y a données, et qu'il était aisé de prévoir, indépendamment de toute autre considération, en sont une preuve évidente. Cette mort est en même temps un crime horrible ; mais ce crime n'appartient qu'à l'individu qui l'a commis ou à ceux qui l'y auraient poussé, encouragé, sollicité d'une manière quelconque. Or, malgré toutes les recherches, qu'on n'a point épargnées, il semble qu'on n'a pu, jusqu'à présent, découvrir personne qui fût dans ce cas ; et il paraît demeurer pour constant que l'assassin, comme il l'a, dans le principe, déclaré lui-même, est un personnage isolé, un monstre, qui a puisé toute sa perversité dans son propre cœur, et n'a eu ni liaison, ni rapport, ni correspondance, ni communication avec qui que ce soit. Que veut donc dire l'inculpation indéfinie de complicité; et, lorsqu'il semble démontré que Louvel n'a point de complice; vouloir que toute la nation soit son complice, n'est-ce pas s'égarer au dernier point

Mais il a été séduit, entraîné par des doctrines pernicieuses, malheureusement aujourd'hui trop répandues, et qui ont pénétré toutes les classes de la société! On fait grand bruit de ces doctrines; c'est l'épouvantail par lequel on cherche à effrayer les ignorans ou les esprits faibles; et M. l'Archevêque entreprend de nous expliquer l'énigme; il faut écouter.

Ces doctrines sont d'abord, suivant M. l'Archevêque, l'*indépendance de la pensée*; en d'autres termes, comme le disait un ancien, la liberté de penser ce que l'on veut et de dire ce que l'on pense ou, pour employer une autorité plus respectable, « le droit de publier et faire imprimer ses opinions, » en se conformant seulement aux lois qui doivent » réprimer l'abus de cette liberté. » Si, par *indépendance de la pensée*, on entend autre chose, elle n'a point de défenseur; on se bat contre une chimère. Si l'on entend ce qui vient d'être dit, c'est un droit incontestable, littéralement garanti aux Français par l'article 8 de la Charte constitutionnelle. C'est donc la Charte même que l'on attaque. Comment un ministre des autels ose-t-il entrer en révolte contre la loi fondamentale de son pays?

Ces doctrines sont, en second lieu, selon M. l'archevêque, *l'égalité des hommes*, c'est-à-dire, toujours en se réduisant au même commentaire (on n'en veut point d'autre), « l'égalité des Français » devant la loi, quels que soient leurs titres et leurs » rangs ; leur obligation de contribuer indistincte- » ment dans la proportion de leur fortune, aux » charges de l'État ; leur admissibilité commune » à tous les emplois civils et militaires : » trois droits également consacrés par le droit naturel et divin, et par la Charte, de la manière la plus solennelle, art. 1, 2 et 3. Toujours la guerre déclarée à notre loi fondamentale.

Par ces mêmes doctrines, suivant M. l'Archevêque, les peuples sont invités, 1° « à briser les liens » de *l'esclavage*, c'est-à-dire, d'après son explication, » de la subordination établie par Dieu. » Qu'entend-t-il par-là ? Veut-il dire que, selon les doctrines qu'il a en vue, il n'y a point de subordination dans le monde, et que toute subordination serait un *esclavage* ? Ou veut-il dire que tous les hommes, hors ceux qui gouvernent, sont *esclaves*, et que c'est là une juste subordination établie de Dieu ? S'il entend le premier, je ne connais personne qui soutienne une pareille doctrine ; c'est à lui de citer les livres et les auteurs. S'il entend le second, qu'il prouve, s'il le peut, son dire ; j'ose lui déclarer d'avance qu'il se constitue ennemi du genre humain, et fait injure à Dieu même.

Les peuples sont invités, 2° « à se défaire de
» leurs *tyrans*, c'est-à-dire, des supérieurs aux-
» quels Dieu les a soumis. » Je fais encore la même
question à M. l'Archevêque. Prétend-il que , suivant ses adversaires, tous les supérieurs auxquels
Dieu les a soumis, sont des tyrans dont il faut se
défaire ? C'est à lui d'établir en fait cette pro-
position. Veut-il, lui, dans son opinion, que tous
les *tyrans*, même un Néron, même un Caligula, qui
désirait que le peuple romain n'eût qu'une tête pour
avoir le plaisir de la trancher d'un seul coup, soient
des supérieurs auxquels Dieu nous a soumis irrévo-
cablement, et dont on ne puisse se défaire par aucun
moyen légitime ? C'est à lui d'établir en droit ce
paradoxe.

Les peuples sont invités, 3° « à tremper, s'il le faut,
» leurs mains dans le sang de leurs *oppresseurs*,
» c'est-à-dire, à égorger les rois, augustes représen-
« tans de la Divinité. » Ah ! si les doctrines allaient
jusques-là, M. l'Archevêque aurait, nous en con-
viendrons, cause gagnée ; il n'en fallait pas davantge
pour déranger le cerveau de Louvel, et armer son
bras. Mais ce n'est là qu'une supposition menson-
gère. Jamais personne, en France, n'a soutenu une
pareille doctrine, hors les Jésuites qui l'ont pro-
fessée dès leur première origine ; et qui, malgré
toutes leurs déclarations, leurs protestations, leurs
rétractations, n'ont cessé de la défendre jusqu'au
dernier moment de leur existence. Ceux qui se don-

nent aujourd'hui pour leurs successeurs, ont-ils répudié cette partie de l'héritage de leurs pères ? M. l'Archevêque peut le savoir mieux que personne : sont-ce là les maîtres d'erreur qu'il a voulu désigner ?

Les peuples sont encore invités « à *reconquérir leurs* » *droits*, c'est-à-dire, à se soulever, pour détruire » l'ordre social et ravager la terre? » Un ministre l'a dit en dernier lieu à la tribune, un peu par entraînement, mais avec vérité, et à la grande satisfaction de tous les gens de bien : Les Français, en ce moment, n'ont plus *rien à conquérir*, mais *tout a conserver*. Tous leurs droits sont recouvrés depuis trente ans, et aujourd'hui pleinement reconnus par un pacte réciproquement obligatoire ; rien n'est à *acquérir*. Mais depuis six mois on remet tout en question ; tout est attaqué ; et dès-lors tout est à *conserver*. De-là cette multitude de pétitions, par lesquelles on demande, non pas qu'il soit accordé rien de nouveau, mais que l'on maintienne ce qui est. Sont-ce là des gens qui veulent détruire l'ordre social et ravager la terre ? Et ne sont-ce pas uniquement leurs antagonistes, ennemis jurés de tout ce qui est établi, qui méritent ce reproche ?

Eh bien! dira-t-on enfin, nous supposons la vérité des principes. N'en a-t-on pas abusé ? n'a-t-on pu en tirer de fausses conséquences ? Eh ! qu'importent les abus, qu'importent les conséquences mal tirées, quand les principes en eux-mêmes sont inébranlables ? Puis-je répondre des excès d'un insensé ou d'un scélérat ? De quoi n'a-t-on pas abusé dans le monde ? On a abusé de tout, et de la religion elle-même, plus que de toute autre chose. M. l'Archevêque voudrait-il que, sous prétexte de ces abus, on abolît la religion, qu'on brulât l'Evangile ?

Il ne faut pas se dissimuler ce qui frappe les moins clairvoyans. Une ligue est formée entre les anciens ordres privilégiés, pour s'aider réciproquement au recouvrement de leurs priviléges. L'attentat de Louvel a paru, dans ce complot, fournir une occasion favorable. On s'est hâté d'en profiter ; et de-là le projet infernal de vouer à l'exécration publique la France entière, en étendant sur elle non-seulement le soupçon, mais une *accusation* formelle de *complicité* du plus détestable assassinat. Vainement la sagesse du Roi, qui sait de quoi les furieux sont capables, a défendu, en ordonnant un service pour le Prince, dans toutes les églises du royaume, que l'on y fît aucun discours (1). Vainement on n'a pas permis que l'Oraison funèbre, prononcée à Saint-Denis, fût publiée selon l'ancien usage. On y sup-

______

(1) Il est vrai que par ordre d'un ministre, les inspecteurs des écoles militaires ont été chargés de prononcer devant les élèves, un discours sur la mort de Mgr. le Duc de Berry.— Le 25 mars, a été célébré au Mans un service funèbre sur la demande des chevaliers de Saint-Louis. M. Moreau, vicaire de la Couture, y a prononcé un discours dénoncé à l'opinion publique, comme dangereusement déclamatoire. L'interruption de la publicité des journaux a dérobé au public la connaissance de ce qui a pu arriver dans d'autres parties du royaume.

pléc par des mandemens qui, imprimés, lus au prône, envoyés dans toutes les communautés, répandus partout, et affichés dans toutes les églises, produisent bien un autre effet.

L'évènement fera voir s'ils atteindront le but que l'on s'est promis. Ce qui est très-sûr, c'est que la religion n'y gagnera rien. On se plaint de son discrédit, et des *opprobres* qui *abreuvent* ses ministres. (Pag. 6 du Mandement.) Ils recueillent ce qu'ils ont semé. Comment veulent-ils être respectés, quand ils ne se respectent pas eux-mêmes ; lorsqu'on les voit tous occupés de leurs intérêts temporels, auxquels ils sacrifient ce qu'il y a de plus saint ; lorsqu'ils justifient, par toute leur conduite, autant qu'il est en eux, ce vieux propos des libertins : La religion n'est, pour les prêtres mêmes, et surtout pour les prêtres, qu'une affaire de politique ?

***

L'horrible accusation portée par M. l'Archevêque, a tellement saisi et occupé toutes nos pensées, qu'elle nous a distraits sur d'autres écarts qui méritaient bien d'être relevés. Tel est l'abus dont on paraît se faire un jeu, de détourner en tout sens et à tout propos les paroles de l'Écriture, en attribuant aux hommes ce qui ne convient qu'à Dieu. Dans le Mandement du Carême, on espère qu'on dira un jour du Roi parmi les nations, qu'*il a régné par le bois :* paroles du Psalmiste, concernant Jésus-Christ, Ps. 95, v. 10, suivant la leçon de quelques Pères et de quelques anciens Psautiers. Dans celui-ci, c'est le Duc de Berry qui *a été blessé à cause de*

nos iniquités, et brisé pour le châtiment de nos crimes : paroles d'Isaïe, également relatives à Jésus-Christ, Chap. 53,
v. 5. Ce genre d'adulation qui tient du blasphême, était fort
ordinaire aux jésuites. Voudrait-on aussi les imiter en ce point?

Sustulit hinc Jesum, posuitque insignia regis
Impia gens; alium nescit habere Deum.